병 속의 바다

한국대표
명시선
100

최동호

병 속의 바다

시인생각

■ 시인의 말

꽃이 피기를 기다리지 못해 막대기로 화분을 치던 젊은 시절을 회상한다. 햇살 화사하던 그날 내가 치던 것이 해골통인지 봉분인지 그냥 꽃피지 못한 화분이었는지는 지금도 알지 못한다.

무언가 무거운 것들이 머리에 담겨 있어 잡스러운 것을 두드려 비우고자 했는지도 모르겠다.

1976년부터 간행한 시집 여섯 권을 통독하면서 그동안 내가 무엇을 생각하고 무엇을 추구해 왔는지 돌아보았다. 과거를 회상하는 일은 괴롭다. 왜 그때 그러했는지 알 수 없는 일들이 분분하다. 회한과 후회가 뒤섞인 부족한 나를 깨닫는 고통의 순간이기도 하다. 선별 작업을 마무리하고 나니 나에게 남은 것은 잔설이 듬성듬성한 헐벗은 겨울산의 이미지였다. 어딘가에 봄기운을 감추고 있을 겨울산을 연상하고 있다면 그것은 아직도 나의 갈 길이 조금 멀리 남아 있다는 느낌을 갖고 싶어 하는 무의식적인 소망 때문일 것이다.

지난 일월 극에 달한 추위를 피해 충무에 갔다가 가까운 사람들의 권유로 지심도를 찾았다. 해안선에 도착하자 수백 년 해묵은 동백나무가 우리를 맞아주었다. 일찍 핀 동백은 바람에 떨어져 있었고 대다수 동백은 늦게까지 몰아치는 추위를 견디느라 입술을 깨물어 까맣게 타들어가 있었다.

 겨울 해풍에 하얗게 탈색된 바위와 잎사귀 뜯긴 동백나무 가지들을 보았다. 동백나무 아래로 뚫린 숲길을 걸으며 어깨를 스쳐가는 미풍에서 때 모처럼 쇄락한 심신을 느꼈다. 그 어느 해보다 길고 견디기 힘든 겨울이 단번에 사라지는 것 같았다. 답답하고 지루한 내 시편들도 해풍을 맞으면서 지심도 동백나무 숲길을 걷는 상쾌한 기분을 독자들에게 느끼게 할 수 있으면 좋겠다는 생각을 해 본다.

 지금은 아니라도 그런 날이 왔으면 하는 간절한 소망을 가져 본다.

쉽게 물러가지 않았던 지난겨울처럼 어둡고 답답한 시편들은 지심도 동백나무와 갯가의 바위들에 펼쳐놓고 겨울바람에 다 날려 보내고 새봄을 맞고 싶다.

다시 봄날이 돌아오면 무심한 막대기를 들어 잡박을 크게 비워 밀도 높은 시를 쓰겠다는 결의를 다짐한다. 겸허한 마음으로 독자들의 너그러운 관용을 부탁드린다.

2013년 2월
저 자 씀

■ **차 례** ——————— 병 속의 바다

시인의 말

1
풀이 마르는 소리　15

황사바람　16

퇴학당한 학생을 위하여　17

다시 쓰는 밤　19

아침 책상　21

땀방울·1　22

봄날 하루　23

어쩐지 가을이 되어　24

취한 손　27

한국대표명시선100 최동호

2

고속도로로 갈 수 없는 들판에 질주하는 고요   31
딱따구리는 어디에 숨어 있는가   33
등불과 꽃   35
가을 책장을 펼치면   36
가냘픈 펜촉   37
손끝   38
자전거 길   39
달리는 바퀴들이 날아가는 공이 될 때   41
화두 —에머슨과 소로우의 대화   43
백담사 나뭇잎 법당   44
해골바가지 두드리면 세상이 화창하다   45
벌레   46
생선 굽는 가을   47
망사뱀 꼬리   48
어린아이와 산을 오르다   49
공놀이하는 달마   50

3

사람의 바다　55

불꽃 비단벌레　56

삽살개　58

은수저　60

노인과 수평선　61

정희고모　63

수백만 개의 공놀이　64

아우라지 간이역　66

병 속의 바다　67

돈암동 파 할머니　68

구들장　70

빗방울 · 1　71

시   72
단추   73
북 치는 밤   74
남창초등학교   75
여울목 편지   76
봉황의 울음   77
빵 냄새   78
반구대 암각화의 사랑 노래   79

4
푸른 산에서 고서古書를 읽다　83
여름 술잔　85
그릇의 형상을 얻은 대지의 노래　87
명검　90

최동호 연보　91

1

「황사바람」(1976) 4편
「아침책상」(1989) 5편

풀이 마르는 소리

벽지 뒤에서 밤 두 시의
풀이 마르는 소리가 들린다.
건조한 가을 공기에
벽과 종이 사이의
좁은 공간을 밀착시키던
풀기 없는 풀이 마르는
소리가 들린다.

허허로워
밀착되지 않는 벽과 벽지의
공간이 물집 부풀리는 밤 두 시에
보이지 않는 생활처럼
어둠이 벽지 뒤에서 소리를 내면

드높다, 이 가을 벌레소리.
후미진 여름이
빗물진 벽지를 말리고
마당에서
풀잎 하나하나를 밟으면
싸늘한 물방울들이
겨울을 향하여 땅으로 떨어진다.

황사黃砂바람

백지白紙 위에
만년필의 갈증이 일어
밤새 넘쳐오는
목마름의 길목을 조이더니
서해西海바다 건너

황하黃河 강변 모래 바람
날 흐리게 불어
보오얀 산 그리메를
우이동牛耳洞 큰 바위산 너머로
떠메어 가고

깊은 갈증의 밤을
만년필에
맑은 물처럼 담으면
사그럭거리는 모래 소리에

이 한낮
황사바람이 창문을 때리니,
해말간 살결을
잔잔한 햇빛 속에 잠그면
거대한 강물이 소리 없이 흐른다.

퇴학당한 학생을 위하여*

몇 사람은 나의 반대에
소극적으로 동의하였지만
대부분은 침묵이었어.
모두가 질책 근거를 찾고 있었지

절망의 시선이
닫혀진 세상을 지나가고
이제 게시판에 먹물처럼 흐르는
질책받은 아이의 일이
거대한 도시의 어둠으로 지나가고 있었어

약속처럼 모두가 움츠리고
강경론자는 조금도 물러나지 않았어
십이월의 추위를 털며 돌아와
나는 도회의 벽을 뚫고 다녔지.
울창한 고층 건물의 숲을,

그것만으로 모든 것은
끝나고, 굳게 마음을 닫고 나도
변명하고 있었을는지 몰라.
그러나, 누군가 어두운 교실

유리창 저편에 말없이 서 있고
뚫리지 않는 벽에서 들리는 소리로
형언할 수 없는 불안의 꿈이
나를 사로잡았어. 아무도
마음을 열지 않는 세계의
뚫리지 않는 벽 속에 떨고 있었어.

물러서지 않는 이기주의자利己主義者들의 칼날 위에
하얗게 죽어 있는 언어가
어두운 세계의 저편으로
망각의 심연을 지나갔는지 몰라.

대부분의 침묵과
소극적인 동의의 차가운 벽에 부딪쳐
그 아이를 향해 닫혀버린 세계의
이른 아침에
누구도 질책할 수 없는 하얀 서리가
바람에 날리는 공고문 위에,
교정의 뜨락을 때리며 떨어져 있었어.

*) 원제 '질책 당한 아이를 위하여'

다시 쓰는 밤

대나무 숲이여,
뱀들이 모여서 운다.
똑같은 소리로 운다. 그 유년의
두려움 가까이에서
내 귀는 바람의 소리를 가지고 잔다.
그러나, 오늘은 바람의 소리를 들으며
거짓말을 하자.
마음을 터놓고, 숨어서 말하는 것은
비겁한 일이다.
우렁찬 음성으로 진실이 흔들릴 만큼,
울고 있는 뱀들이 들어도
밤을 무서워하지 않는다고,
자유스럽게 거짓말을 하자.
바람은 모인다. 거짓말을 듣기 위해서
우리는 가슴을 터놓고 싸웠다.
저 외로운 날들의 절망에 대해서
그러나, 숨어 있는 나의 마음이여,
뱀들이 떼 지어 우는 대나무 숲 위에
나는 현명하게 너희들의 흉계를 걸어놓고
뱀들의 교활함을 알고 있어도

우리의 진실을 이야기하자.
거짓을 진실처럼 말하는 것은
비겁한 자유다.
회피하는 자의 변명이 아니냐.
친구여, 바람 부는 밤의 어깨 위에서
우리는 밤을 깨운다고
진실을 말하자.
수천의 뱀 떼들의 울음소리를 죽이고
우리는 밤을 깨우자고,
우리는 진실을 말하고 있었다는
바람이 소란스런 밤에
너는 유일한 목격자目擊者.
친구여, 나는 대나무 숲에서
바람의 귀를 가지고 잠든다.
불의와 분노,
증오와 저주와 함께
절망하는 날들의 고독을 키우며.

아침 책상

검은 흙 덮고 있던
눈 위에 햇살이 증기 머금은 빛을 뿜는다.

쓰이지 않은 백지는
돌에 새겨진 유언처럼 차갑다.

파지를 헤쳐 나온
펜촉에는 세상의 금빛 햇살이 모여든다.

땀방울·1
— 87년 봄

목을 조인다.
살아 있으라고.

목을 풀어놓는다.
죽어 있으라고.

봄날 하루
— 지성원志誠苑에서

끝내 그 마음의 금 안에
나는 들지 못하고
꽃이파리만 꽃이파리만
붉게 흩어지는 봄날에
천지를 터뜨리는 폭약이 울리고,
산과 들에는
눈이 멀도록 꽃비가 쏟아져 내리네.

앞을 가리는 쓸쓸한 바람
떨쳐 버리고 차라리 바위 속으로
걸어 들어가는 외로운 봄날 하루,
캄캄한 암반 속을 밀치고 걸어나가도
햇살은 등 뒤에서만 빛나고
끝내 들지 못하는 그 마음의 금 밖에
한 줄기 강물이 흘러
귀먹은 하루가 붉게 저무네.

어쩐지 가을이 되어

유품을 수습하러 간 우리에게
그가 남긴 건
죽음의 정적을 담은
책상 위의 소주 반병이었다.
끓는 피를 증류시킨 물처럼
목마름이 맑게 가라앉아 있었다.

움트는 4월의 풀밭을 걸으며
가슴 찔리듯 수척한 눈빛으로
닳아버린 성서聖書를 품에 안고
핍박의 시대를
괴로워할 이유도 없을 거라던
그가 남긴 것은 맑은 하늘보다
투명하게 비어 있는
푸른 유리 속의 침묵이었다.

봉분한 황토 흙 왕모래 휩쓸어 내리듯
쏟아지던 여름 장맛비에 떨며 살점을 적셔도
어찌 다 주체할 수 없었던
죽음의 비망록備忘錄처럼

그 길고 긴 여름이
황량한 풀밭의 벌레 소리에 물러가
어쩐지, 가을이 되어, 술을 마시니
그가 마시지 못한 소주 반병이 출렁거렸다.

저잣거리의 이름 없는 길모퉁이를 배회하다
메아리 없이 사라져간
내밀한 그의 목소리가 이 세상 어딘가를
맴돌며 술병처럼 반쯤 비워져
끝내 떨치지 못한 괴로움으로 남아 있을 거라고,
낙백落魄한 영혼을 위무하여
죽음의 저편으로 돌려보내듯

푸른 산 물드는 가을이 되어
어쩐지 술을 마시고
홀로 들에 나아가
시든 낙엽이라도 태우면서
투명하게 빈 공간에
침묵하던 그의 음성을 담아 본다.

불타 버린 잔디 위에, 부풀은 책장 위에
황량한 바람이 일고,
저물녘 등 돌리며 어둠을 향해 걸어가던
그의 쓸쓸한 그림자처럼
이름 모를 새들이 들녘 끝으로 날아간다.
수북한 낙엽을 태운 매캐한 연기가
허허로운 들에 가득하다.

취한 손

잠들지 못하여
취한 손으로
어둠을 움켜 본 사람은 알지.
돌덩이도 슬픔도
아무것도 잡을 수 없다는 것을

깊은 밤에는
달아오른 살, 부드러운 머리털,
도회지의 지층을 흘러가는 물,
감미롭게 울리던 음악도

빈자리에
남아 있던 어둠마저도
움켜쥐면 더 멀리
사라져 간다는 것을 알지.

밤길을 걷던
외로운 발자국 소리도
끝내는 어둠 속으로 스며들어가 버리지.

알 수 없어라, 왜
밤이 깊으면
지상의 끝에서 들려오는
친밀한 속삭임처럼
어둠이라도 움켜쥐려 하는지.

2

「딱따구리는 어디에 숨어 있는가」(1995) 9편
「공놀이하는 달마」(2002) 7편

고속도로로 갈 수 없는 들판에 질주하는 고요
— 달마는 왜 동쪽으로 왔는가

검푸르게 웃자란 여름 풀들의 흔들림이
고요를 알려주었다.
석양의 노을을 배경으로
짙어지는 그림자를 먹어가고 있던
고요의 공간은
제 스스로 질주하는 그림자를 껴안으며
땅에서 솟아올라
허공을 찌르고 있는 무성한
나무들과 더불어
움직이려고 하는
바람을 한 점도
놓아주지 않고 붙잡고 있었다.

풀 끝에서 묻어나는 차가운 고요가
멈출 수 없는 브레이크를 파열시키며
칼끝 위에 물방울 하나를 떨어뜨리는 동안
고속도로를 질주하던 바퀴들은
들판 너머 저쪽
하늘로 튀어올라
충돌하는 유성들이 일으키는 아름다운 불꽃을 쫓아가듯

머나먼 우주로 날아가고 있었다.
바퀴들이 지상으로 돌아와
바람을 가르며 달릴 때까지
우리는 어스름 저녁
붉은 노을을 바라보며 흙 묻은
물방울 하나가 발밑에서 툭 떨어지는 것을 보았을 뿐이다.

딱따구리는 어디에 숨어 있는가
— 달마는 왜 동쪽으로 왔는가

구정 연휴 첫날 일어나보니
눈이 내리고 있었다.
찾아갈 사람을 다 지운 길 위에
바퀴 자국을 남기고
교문을 들어와 닫힌 철제문을 열고
어두운 복도에 들어섰다.

책 더미 속에 나무 구멍처럼
나의 자리를 차지하니
마치 고목나무 깊은 산 속에 들어가
겨우살이 하는 벌레와 같았다.
어디로부터도 오지 않은 발걸음 소리들,
하루 종일 말소리를 전하지 않는

전화기 그리고 더불어
이야기할 사람도 없이
도시락을 비우고
천천히 찬물을 마셨다.
창 밖에 쌓인 눈더미를 바라보며
멈출 줄 모르는 음악도 쉬게 하고

작은 글자들을 따라가
머나먼 산간 계곡의
싱그러운 바람 소리를 들었다.
돌 건물 한 모퉁이에서
모래알이 부스러지고
가끔 서책書冊에서 고개를 내민 글자들이

정정丁丁한 겨울나무 속의
벌레처럼 꿈틀거릴 때
딱딱한 부리가 가슴을 쳤다.
햇살 푸르게 되살아나는
구정 연휴 첫날,
딱따구리는 어디에 숨어 있는가.
흰 눈 머리에 함께 쓴 백운白雲과 도봉道峰이
서로를 비추며 빙긋이 마주보고 서 있었다.

등불과 꽃
— 아내에게

모래알 하나도 외로움이 깊으면
투명한 등불이 된다

눈물방울 하나도 그리움을 다하면
꽃이 된다

모래알 아린 눈물샘
산 위에서 세상으로 흘러넘치고

등불을 지우고 꽃을 피우는 아침
가슴 아픈 인간이 산다

가을 책장을 펼치면

헐거운 여름옷 떨쳐버리고
땀에 전 책장과 더불어
둥둥 허공을 떠다닌다.

굽이치던 강물 구름처럼 흘러간
조약돌 위를 맑은 바람이
모래알 뒤척이며 스쳐간다.

정갈한 풀 냄새 들길에 습습하고
단풍잎 색색으로 물들어 바라보면
눈 더욱 맑아진다.

세숫대야에 쟁쟁한 가을 물
책장을 펼치면, 씨알에
담긴 글자가 여문 이삭처럼 으깨지고

조금만 잘못 힘을 주어도
안으로 성숙한 기쁨들은
껍질만 남기고 다 사라져버린다.

가냘픈 펜촉

나설 자 없는 눈보라 속을
헤치고 나아가는
가냘픈 펜촉.

바람을 밀치며 벌판을 걸어가도
인간의 마음은
끝내 헤아릴 길이 없어

백지의 대륙에서
붉은 피는
어둠을 끌어당기며 푸르게 얼어붙는다.

씌어지지 않은 백지 한 칸
빙벽의 극점에
차갑게 검은 점 하나를 찍는다.

손끝

넥타이를 맬 때마다
세월이 조여진다.
하나도 풀어주지 않으려고
다 묶어두어도 손끝에서
잡을 수 없는 세월이 빠져나간다.

나무 둥치를 칭칭 감싸
생목을 조르던
구렁이가 용이 되리라
구불구불 하늘로
기어 까마득하게 올라간다.

넝쿨장미는 해마다 시들고
날마다 늘어나는 목에다
묶이지 않는 세월을 조이던 손끝으로
나무껍질 속의
나이테를 감는다.

자전거 길

바람에 쫓겨가듯이 서둘러
한 번도 가보지 못한 길을 찾아 나서려
여름내 자전거 페달을 밟았다.

땀 흐르는 다리를 내뻗으며
길을 가로막는 바람과 풀들을
밀치고 앞으로 나아갔다.

내 마음속에 무성하게
고동치는 목소리를 벗어나고자
강가를 따라 페달을 밟았다.

목소리는 강물을 따라 거슬러 오르고
눈길 스쳐가는 미루나무 숲에선
넘치는 슬픔이 파도처럼 일렁이고 있었다.

내가 페달을 멈춘 곳은
추석날 텅 빈 운동장
한가운데였다.

아무도 나오지 않는
운동장에서 페달을 멈추고
흘러가는 구름을 바라보았다.

돌아오는 오솔길에서
갈 길을 열어주는 머리 흰
가을 풀들이 이리저리 바람에 날리고 있었다.

나는 다시 페달을 밟았다.
텅 빈 운동장을 몇 번이나 돌고 난 다음에도
지구 밖으로 나가려는 듯이

페달을 밟아 둥근 바퀴를 굴렸다.
그러나, 앞으로 나아가면
소리치며 갈라서던 여름날의 자전거 길도

돌아서면 언제나 하나가 되지만
아무도 만날 수 없는 자전거 길,
둥근 운동장 한가운데서
끝내 벗어나지 못하는 젖은 목소리가 나를 불렀다.

달리는 바퀴들이 날아가는 공이 될 때

저항하는 공기들을 거세게 밀어제끼며
지상을 달리는 바퀴들이
속도 안으로 끌려 들어가면,
직진하던 차들이 일그러진
타원이 된다.
사랑하는 이들이 외치는 목소리도
하나의 타원이 되어 날아간다.

솟구쳐 떠올라 날아가는 타원은
삶에서 죽음으로 넘어가는 점이 되어
사라진다. 소멸로 완성되는 절대의 순간은
태고로 돌아가 다른 하나의
새로운 세계를 창조한다. 달리는 바퀴들이,
솟구치는 날개들이

막다른 벽에 부딪혀
속도 밖으로 튕겨져 나오면
볼록거울 색깔진 세상 둥글게 일그러뜨린다.
검은 글러브 안으로 빛을 뿌리며 나아가던 공이
야간 경기장 밖의 어둠 속으로 날아간다.

붉고 푸른 반사광들이 원을 그리고
관중들이 휘두르는 방망이에
야구공의 실밥이 터져 불꽃을 뿜어낸다.

속도 안으로 질주하고 싶은 바퀴들이
난폭하게 속도 밖을 질주한다.
사랑의 기쁨이 들소처럼 달리는
머나먼 공간의 고속도로에
저항하는 공기들을 끌어안은 타원들이 꼬리를 달고
우주 저편의 새롭게
팽창하는 블랙홀을 향해 날아간다.

화두
　　— 에머슨과 소로우의 대화

자네는 안에서 왜 그러구 있나

당신은 밖에서 뭘 하구 계시우

들에 핀 노란 민들레꽃 하나가

끝내

밖에 있다는 것일까.

백담사 나뭇잎 법당
— 달마는 왜 동쪽으로 왔는가

새벽녘 푸른 산들바람이 쓸어놓은
물이랑 빗자루 길

잠 못 든 밤의 끄슬린 기침 소리,
부처님의 말씀

나뭇잎 한 장에 싣고
겨울 바다 멀리 연꽃 피우러 갈 법당 한 채

붉은 가랑잎
물이랑 산들바람 타고 봄맞이 간다

해골바가지 두드리면 세상이 화창하다
― 달마는 왜 동쪽으로 왔는가

아침 딱따구리 계곡을
나무라듯 덩치 큰 나무를 흔드는데
졸면서 마당 쓰는 동자승 보고

빙그레 미소 짓는 부처님
살포시 감긴 눈빛
보이는 것이 있는지 없는지

법당의 큰스님 자기 해골 두드리는 소리
산과 계곡으로 퍼져나가
세상의 햇살이 아기 걸음마처럼 화창하다

벌레
― 달마는 왜 동쪽으로 왔는가

가을 숲 울리는 딱따구리 소리여

움직일 곳이 없구나

빈 오막살이 집

몸 구부린 벌레 한 마리

생선 굽는 가을
— 달마는 왜 동쪽으로 왔는가

썰렁한 그림자 등에 지고
어스름 가을 저녁 생선 굽는 냄새 뽀얗게 새어나오는
낡은 집들 사이의 골목길을 지나면서
삐걱거리는 문 안의

말소리들 고향집처럼 그리워 정겨운 불빛 들여다보면
낡아가는 문틀에
뼈 바른 생선 눈알같이 빠끔이 박힌
녹슨 못 자국

흐린 못물 자국처럼 생의 멍울 간간히 밴
좁은 골목길 삐걱거리는
등 그림자에
생선 굽던 뽀얀 냄새

망사뱀 꼬리
— 달마는 왜 동쪽으로 왔는가

망사 껍질 허물을 벗어 두고
봄길 떠난 뱀은
영 돌아오지 않을 탁발승 나그네

지렁이같이 징그러운 이 몸뚱일
망사 껍질로 감싸고
뱃바닥으로 거친 바닥 밀어 가며

망사뱀이 흔드는 요령소리 따라 기어갈까
비단길 천 리
바람에 언 살 복사꽃처럼 붉게 터지는데

살고 죽는 생사는 뒤쫓아 가지 말아라
탁발승 나그네
얼비치는 망사꼬리 요령처럼 흔든다

어린아이와 산을 오르다
— 달마는 왜 동쪽으로 왔는가

 우리 집 어린아이와 단둘이 일요일 오후 산에 올라갔다 계곡에 쌓인 낙엽 속으로 종종거리는 발걸음을 빠뜨리며 우리는 가을 산의 향기를 들이키며 하얀 입김을 토했다
 산등성이에 올라 발을 뻗고, 바라보니 멀리 시가지가 굽어보이고, 가까운 등성이의 바윗돌을 껴안고 저만치 서 있는 애솔나무가 앙당해 보였다
 바윗돌은 나무를 기르려고 스스로 가슴을 열어 조금 갈라져 있었고, 흩어지려는 돌 부스러기 하나도 놓치지 않으려고 실뿌리는 왕모래를 움켜쥐고 있었다 부드러운 흙의 향기로움에는 오랜 빗방울이 다져놓은 정갈한 고요가 있었다
 발갛게 상기된 아이가 짙어가는 정적을 깨뜨리며 소리 내어 산을 부르자, 저녁 어스름 계곡의 한구석에서 산울림이 옹알이처럼 웅얼거렸다 초저녁 푸른 별이 반짝 어둠을 켜들 무렵, 돌 부스러기마저 껴안고 마침내 흙이 되는 바위를 껴안은 작은 애솔나무처럼 어린 달마의 손을 잡고 산등성이를 내려왔다

공놀이하는 달마
― 달마는 왜 동쪽으로 왔는가

저물녘까지 공을 가지고 놀이하던 아이들이
다 집으로 돌아가고, 공터가 자기만의
공터가 되었을 때
버려져 있던 공을 물고
개 한 마리가 어슬렁거리며
놀러 나와 놀고 있다

처음에는 두리번거리는 듯하더니
아무것도 돌아보지 않고 혼자
공터의 주인처럼 공놀이하고 있다
전생에 공을 가지고 놀아본 아이처럼
어둠이 짙어져가는 공터에서 개가
땀에 젖은 먼지를 일으키며 놀고 있다 다시

옛날의 아이가 된 것처럼 누구도 불러주지
않는 공터에서 쭈그러든 가죽 공을 가지고 놀고 있는 개는
놀이를 멈출 수 없다 공터를 지키고 선
키 큰 나무들만 골똘하게 놀이하는 그를
보고 있다 뜻대로 공이 굴러가지 않아 허공의
어두운 그림자를 바라보는 눈길이 늑대처럼 빛날 때

공놀이하던 개는 푸른빛 유령이 된다 길게 내뻗은 이빨에
달빛 한 귀퉁이 찢겨 나가고
귀신 붙은 꼬리가 일으킨 회오리바람을 타고
꿈은 하늘로 솟구쳤다 떨어지기도 한다
어둠이 도둑처럼 빠져나간 새벽녘
이슬에 젖은 소가죽 공은
달마를 기다리며 저물녘까지 버려진 아이처럼 잠든다

3

「불꽃 비단벌레」(2009) 11편
「얼음 얼굴」(2011) 9편

사람의 바다

여름 종로 보도블록을 어깨 위로 들어 보라

사각의 모래밭에 푸른 바다가 있다

소금기 하얀 등판에 가로수 그림자 물결치는 한낮

사람의 바다가 파도 거품을 몰고 간다

불꽃 비단벌레*

부싯돌에 잠들어 있던
내 사랑아!
푸른 사랑의 섬광
가슴에 지피고 불 속으로 날아가는
무정한 사랑아!

소용돌이치는 어둠에서
탄생한 유성이
지구 저편 하늘을 후려쳐
다른 세상을 열어도
태초의 땅에 뿌리 박혀 침묵하는

서슬 푸른 돌의 사랑아!

유성이 유성의 꼬리를 잘라
번갯불 밝히는 밤
은하 만년을 날아서라도 나는, 태초의
네 얼굴을 보고 싶다

영롱한 부활의 빛
불꽃 가슴을 점화시켜다오
부싯돌에 잠든 무정한 내 사랑아!

*) 1970년대 초 경주 황남대총에서 출토된 5세기 신라시대 유물에는 비단벌레 날개가 말안장 뒷가리개 장식으로 사용되었는데, 그 빛이 영롱하게 아름다워 세계적으로 주목받았다.

삽살개

딸랑딸랑

세상을 점쳐 보아라
그대 가는 길은 내가 가는 길
내 가는 길에
삽살개 한 마리 더불어*
귀신 따위는 멀리 쫓아버리고

딸랑~딸랑~

걸림 없는 세상 네 마음대로
뛰어놀아라
동쪽도 서쪽도 없이
그대 가는 길은
나비 등 타고 훨훨 날아,
사막도
바다도 건너서
하늘로 가는 길
바람이 당기는 길은
그대와 내가 함께 바람피러 가는 길

가재 발걸음 이리저리
삶도 죽음도 넘어서
하늘, 너머
저 훤한 허방 세상

별빛으로 점쳐 보아라

들리지 않는, 방울소리야.

딸랑~딸랑~딸랑~

---

*) 김교각(697-794) 스님은 신라 성덕왕의 아들로 24세에 삽살개 한 마리를 데리고 중국 당나라로 건너가 구화산으로 들어가 지장보살의 서원을 세우고 수행하여 등신불이 되었다고 한다.

은수저

굽은 허리 이제는 펴지 못해
이 빠진

내 생애는
다시 돌이킬 수 없어

할머니는 닳은 은수저를
꺼지는 한숨처럼 내려놓으며 말했다

네 인생은
구부리지 말고 제대로 살아가 보렴

노인과 수평선

가물거리는 수평선을 무릎 아래 두고
저물녘 개를 끌고 가는
노인의 구부정한 실루엣은
전생의 주인을 모시고 가는 충직한
하인처럼 공손하다.

다음 생에서 개는 주인이 되고 노인은
개가 되어 서로의 실루엣을 끌고
한 생애를 살아갈 것이다. 먼 바다에서
새벽을 열려고 달여 온 파도가
해안선을 활처럼 잡아당겨
지구의 어둠을 한 겹씩 바다로 쓸어간다

새벽 갈매기가 끼룩거리는
모래사장에서 개와 함께
뛰어노는 아이들도
한 생애의 바퀴를 굴리고 나면

언젠가 다시 가물거리는 수평선을
그의 무릎 아래 두고
구부정한 실루엣과 더불어
저물녘 해를 끌고 가는 노인이 될 것이다.

정희고모

 경기도립병원 지나 수원지원 옆길에서 정말 우연히 만났다. 고향 떠나 어디서 바람 같이 산다는 소문이 들리던 고모가 골목길 돌담에 숨어서 핀 작은 들꽃 같은 입술로 나를 불렀다. 고모부가 갑자기 임시 서기로 취직이 되어 이리 와 살고 있다는 것이다.
 외갓집에서 중학교에 다니던 나는 그날 저녁 단간 셋방 고모 집에서 말없이 큰 눈만 껌벅거리던 고모부와 함께 푸짐한 저녁상을 받고 아무에게도 말하지 말라는 고모와의 약속을 굳게 지켰다.
 정희 고모는 어느 날 다시 홀연히 바람처럼 사라졌다. 어린 시절 가장 예쁘고 똑똑해 온 집안의 사랑을 독차지했다던 정희 고모가 잘 나가던 고모부와 왜 그렇게 숨어 살아야 했는지 그 이유를 나는 알지 못했다. 가출소년처럼 나도 외갓집을 떠난 다음 오랜 후까지 그날 정희 고모가 나를 부르던 그 은밀한 목소리의 떨림이 전해져 왔다.
 고모부와 헤어져 혼자 산다는 이야기도 들려오고 또다시 남자를 만났다는 이야기도 바람결을 타고 왔지만, 저녁상 부산하게 차려오며 부모 곁을 떠나 어린애가 얼마나 외롭겠느냐고 호들갑을 떨며 반가워하던 정희 고모의 들꽃 같이 고운 그 눈빛을 나는 아직 잊을 수가 없다.

수백만 개의 공놀이

하늘에서 지상으로 떨어진 공
후두두둑 여기저기서
빗방울처럼 튀어 오른다
공 속에서 재바른
손이 불쑥 따라나와
튀어 오르는 공을 사로잡는다

붙잡힌 공이 소리 지르면
공 속에서 더 재바른
공의 손이 불쑥 나와 마술 같은
손놀림에
수백만 개 꽃이
박수 소리 타고 튀어 오른다

공을 잡으려 해도
공의 그림자만
제각기 튀어 올라
공의 그림자들이 물속에 얼비치는
제 그림자 지우면서
소용돌이 속으로 빨려들어 간다

되돌아 나오는 소리도 없고
그림자도 없는 세계가
만들었던 공을 지우고
잡았던 공의 꼬리 저도 모르게
놓쳐버리는 순간 마술사가
허공에서 천 개의 손을 놀리듯
수백만 개 공이 후두두둑 꽃처럼 피어난다

아우라지 간이역

겨울로 굽이 도는 외줄기 정선 아우라지 길

햇빛 소복한 시골집 툇마루 가랑잎

바스락거리며 물드는 아우라지 기차소리

휘파람처럼 둥글게 날리는 산간마을

배웅 없어 돌아보는 목조 간판 간이역

연기처럼 멀리 가는 외로운 영혼의 뒷모습

병 속의 바다

피서객이 떠난 모래사장
거꾸로 박힌 소주병에 바다가 출렁이고 있다

대지의 형벌은
파도가 지울 수 없다

누가 사랑의 피리를 부는지
거꾸로 박힌

병 속의 바다에서
파란 휘파람새가 파도 물결 위로 날아오른다

돈암동 파 할머니

돈암동 시장 어귀
매일 아침 파를 다듬는
할머니가 길모퉁이를 지키고 있었다 일 년 내내
고개를 들지도 않고
파를 다듬는 할머니는
오직 파를 다듬기 위해 사는 사람처럼

매일 아침
채소 가게 어귀에 나와 앉아
머리가 하얀
파 껍질 벗기고 있었다

한 번도 고개 들어 행인을 보지 않고
언제나 구부린 자세로
파를 다듬기만 하던 할머니가
어느 날,
꽃샘바람 지나가는
시장 어귀를 바라보고 있었다

잘 다듬은 파처럼 단정하게
흙 묻은 손으로 머리칼 쓸어올리는
파 할머니 얼굴에서 흘낏
돌보다 강인한
어머니의 얼굴을 보았다

구들장

인기척도 흠칫 놀라 단풍잎 흩날리는 가을
망월사 앞마당
구들장 뒤집어 불의 심장을 말리고 있었다

생솔가지 지피며 눈물 감추던 겨울
돌의 숨결에
침묵의 먹을 갈아 넣던 구들장 돌부처

홀연히 먹구름 뒤의 천둥소리 따라
산문을 떠나간 그가
비바람에 펼쳐둔 채 해묵은 경전들

지옥의 유황불 치달린 말발굽 직립한 가을
망월사 앞마당
돌부처 뒤집어 불의 심장을 말리고 있었다

빗방울 · 1

새벽바람 불어오는
목탁 소리

먹물 든 산 그림자를
지우고 있는 사람

마당을 북처럼 두드리다
목 꺾인 빗방울

피뢰침 머리에 꽂고 간
요절 시인

시

별 없는 캄캄한 밤

유성검처럼 광막한 어둠의 귀를 찢고 가는

부싯돌이다

단추

눈길 피하기 위해
고개 숙여
단추를 만져 본다

정말 단추보다 더
작아지고 싶은
얼굴 따가운 순간이 있다

단추 속으로 숨고 싶어
손끝으로
만지작거리던 단추가

제 얼굴은 감출 수 없다고
실밥 풀린
얼굴로 멋쩍게 웃는다

북 치는 밤

바람이 투명한 물살 일으키는 별 밤,
등판 위에
살가운 추위 물살처럼 퍼져나간다

뒷간에서 밤일 보는 농부
심각한 헛기침에
애기 별 하나 태어나고

쇠스랑이 어둠에 박힌 돌을 일깨우면
푸른 별이
새벽 들판 끝에서 튀어나온다

들판 만 곳을 울리는 낮은 북소리
늙은 지구의 오그라든 등판
삶은 감자 껍질처럼 벗겨 내고 있다

남창초등학교*

방과 후 책가방

도시락 통 속에서 동무 삼아 같이 걷던 숟가락 소리,

강아지 꼬랑지 달린 논둑길,

봄물 가득 끌어들이던, 논두렁 흙냄새

*) 경기도 수원시 팔달로 남창동에 있다.

여울목 편지

모기들도 소리치는 가을입니다

물 냄새 따라 고향 찾아가는 여울목 연어들이 꽉 찬 가을을 알려줍니다

자갈돌 사이 물이끼에 숨어 사는

저는,

가는 물소리조차 남에게 알리고 싶지 않습니다

들리지 않아도 좋을

소리 없는 편지를 여울목 마른 자갈돌에 담아 꽉 찬 가을을 그대에게 전합니다

봉황의 울음
— 백제 금동대향로를 피우며

그가 떠나자 한순간도 점화되지 않는 불면의 낮과 밤이

병든 구름처럼 목구멍에 태풍의 눈을 매달고 있었다. 먹구름

뒤에서 황금의 채찍을 말아 지축을 할퀴던 불꽃의 혀끝들,

선홍빛 목구멍 찢고 끝내 참지 못한 봉황의 눈물 한 방울

빵 냄새

먼 나라 낯선 도시

새벽 한기

소름 돋는 호텔방, 하얀 입김

인적 없는 골목길

성에 서린 유리창에 스민 빵 냄새

반구대 향유고래의 사랑 노래

주체할 수 없는 사랑을 머리에 이고
산다는 것은 슬픈 일이다
머리통에 저장한 새우 기름의
풍요로운 향기가
바다 멀리 바람을 타고 퍼져 나가
작살을 든 인간의 욕망을 피할 수 없는 것이
그들의 운명적인 최후이다

선사시대 향유고래가 살아 있는 암각화,
춤추는 샤먼과 함께 경건하게 제를 올리던 고대인들이
어떤 마음으로 그들을 검고 단단한 바위에
새겨 놓았는지는 알 수 없지만,
머리통에 향유를 가득 담고 한 눈 뜨고 잠자는
이 종족들의 슬픈 전설을 그들도
분명 알고 있었을 것이다

파도를 타고 들려오는 먼 북방의
가냘픈 시그널을 발하는
향유고래의 긴 이빨로 피리를 만들어 불고
신에게 제물을 바치던

선사시대 사람들도 그들의 생애가, 낮은
휘파람 소리로 노래하는 연인을 찾아가다
죽음을 맞이하는 향유고래처럼,

세상의 파도를 이겨내며 사랑하고 또 상처 입어도
자식을 위해 끝내 살아가야만 하는
운명을 기리기 위해
새끼 업은 고래의 형상을 바위에 새기고,
그 죽음을 애도하며
신에게 바치는 비탄을 노래했을 것이리니

사랑 없는 시대를 살아가는 인간의 비애는
멸종에 처한 향유고래처럼
사랑의 열망을
가슴 가득 지니고서,
불의의 작살을 맞아도
의연하게 운명을 받아들이기 위해
덧없는 순간을 영원처럼 살아가야 한다는 것이다

4

「기리는 노래」 4편

푸른 산에서 고서古書를 읽다
— 월하 김달진 선생 묘소에서

머리 흰 노인이
구릉진 산을 보료 삼아 기대어 웃고 있었다.
돌아보니 온 산에서 송진 냄새 가득
송판을 썰고 있었다.

머리 흰 노인이 책상 위에
빛바랜 고서古書를 펼치고 앉아 있었다.
원고지를 넘길 때마다
산 아래로 붉은 흙이 쏟아져 내렸다.

머리 흰 노인이
칠성판 위에 낡은 만년필을 놓아두고
비스듬히 물소리를 들으며
흰 구름 바라보고 있었다.

붉은 흙을 퍼서
원고지에 가득 담았다.
평생 채워 넣었던 원고지가 터지고
횟가루 섞인 붉은 흙이 이승의 구덩이에 쏟아졌다.
구릉진 산 저편에서

누군가에게 마지막 말을 전해 주는
새 한 마리가 흔들리는 산 그림자 따라
나직이 울고 있었다.

흘러가는 바람이
잠시 머물다가
푸른 산 붉은 흙 아래로 휘몰아가는
물소리를 따라가고 있었다.

봉분한 흙을 뚫고 솟아나온 풀들이
원고를 뚫고 나와
아프게 햇빛을 찌르고
머리 흰 노인은 먼 산 바라보며 웃고 있었다.

여름 술잔
— 1996년 늦여름 정한숙 선생님

가래 섞인 느린 말씀 중에도
가끔 술잔 바르게 고쳐 놓으면서
땅땅 치던 놋쇠 재떨이를
가까이 끌어당겨
담뱃재를 툭툭 털었다

야단맞는 학생의 자세로
푸른 빛 연기는
구불구불 천정으로 피어올라 사라지고
잘못 털린 담뱃재는
그분 어깨 너머에
힘없이 쌓였다 부스러졌다

살아 있는 광채가
일몰의 햇살처럼 잔주름 깊은 눈가에서
제 그림자 끌고
당신의 후광이 거느린 어스름 뒤에 무엇인가
불빛 너머 찾아보면
그림자 짙어가는 저녁 발걸음 외에
아무것도 없었다

그분이 살아온 숨 가쁜 세월을 일부러
정지시키려 기침할 때마다
손끝에 만져지는 것은
누구도 막을 수 없는,
생의 나무에서 떨어지는 세월의 껍질 아니었을까

평생의 친구 한 잔 소주가
바다처럼 찰랑거려도
떨리는 손쉽게 멈추지 못하는데
세월의 실마리를 감아도는
이야기는 어디서 멈출지 알 수 없어라

마른 눈에 물기 번질 때 역광의
불빛 너머 도사린
늙은 어둠은 어느 틈에
우리들의 오랜 이야기의 속살을
딱딱한 수피樹皮처럼 감싸고
담뱃진 밴 손가락은 평생의 바다가 담긴
작은 술잔을 들고
노란 가랑잎 타고 멀리 가고 있었다

그릇의 형상을 얻은 대지의 노래
— 무초 선생의 막사발을 기리며

흙의 표면에 유약처럼 어둠이 흘러내리듯
살그머니 내려와 검푸른
녹유의 빛으로 노老도공의 얼굴을 감싸고 있었다.
높이 솟은 연꽃형 팔각정,
나지막한 말소리는 카랑카랑하게
기둥을 울리고
짙은 녹차 향기는 코끝을 감돌아
늦은 만남의 실뿌리를 풀어내고 있었다.
누가 누구를 부르는 것도 아닌데 서로
끌어당기던 이끌림은
창밖으로 흘러나갔던 말소리를 타고 다시
되돌아와 어깨 너머에서 들렸다.

해월 최시형 선생은 진정한 도인이 아닙니다.
자신이 깨달은 도를 실천하지 않고
권력에 도전했기 때문입니다.
최근 그분의 전기를 통독해 보니 그렇더군요.
진정한 도인은 자신의 깨달음을
이 세상에 바르게 펼쳐 세상을 바꾸어 놓아야지요.

권력이 아니라 세상이다.
이 말이 감긴 눈을 열어주듯 나를 놀라게 만들었다.
천지개벽의 참뜻이 사람
가까이 있었구나! 막사발을 위해
사십 여년의 생애를 바친 여든넷의
도공이 던지는 말의 배후에 집념으로 살아온 인간의
굳센 의지가 불꽃을 머금은 울림을 전해 왔다.

노도공의 웃음소리는 허공을 떠도는 것 같기도 하고
허공에 바람을 일으키는 것 같기도 했지만
흩어져 사라지지 않고
메아리를 타고 되돌아와 차를 마시는
나의 젖은 입가에 맴돌았다.
세상의 인연을 다 불살라
신령한 힘이 실린 말소리들은
물과 흙의 반죽으로 도자의 형상을 빚어내는
붉은 불을 머금었다
바람을 토하며 푸르고 하얀 빛을 발하는
유약의 비밀처럼
노성한 얼굴에 검푸른 음영을 반사하고 있었다.

암세포가 더 이상 침범할 수 없는 깡마른 육신 그 어디에서
아직도 푸르고 하얀 불꽃을
점화시키는 생명의 힘을 솟구치게 하는지 알 수 없었다.
소녀 시절의 사랑에 사로잡혀 있던 그의 영혼이
이제 막 속박으로부터 자유를 얻어
허공을 떠돌던 바람을 불러
일렁이는 불의 색깔에 따라
타오르는 입술로 생명의 아름다움을
노래하려는 순간 유약은
자신의 비밀을 들키지 않으려는 듯
팔각정 바닥을 박차고 연꽃 기둥을 타고 하늘로 올라갔다.

— 2009년 8월 15일 〈새둥이요〉를 다녀와서

명검
— 설악산 무산 선사의 말씀

 검의 집에서 일단 검을 뽑으면 그것은 검이 아니라 칼이다. 낡은 제집을 지키고 있는 검이야말로 천하의 명검이다. 무딘 쇠의 날을 세우고, 세상을 향해 칼을 휘두르면 검이 지니고 있던 정신은 녹이 슬고, 검은 피묻은 쇳조각에 지나지 않는 것이 되고 만다.

 검은 살생을 위해 존재하는 것이 아니다. 검은 살생을 막고 세상의 혼돈을 진정시키기 위해 존재하는 것이다. 섣불리 검의 날을 세우고 나면 반드시 그 날카로움에 사람이 다치게 된다.

 제집을 지키고 있는 검이 사람의 마음을 움직이고 세상을 움직이며 끝내 태산을 울게 한다는 이치를 터득한 사람만이 검을 사용할 줄 아는 사람이다. 그 사람에게는 검이 필요 없다. 그래도 검을 앞에 놓고 부드러운 덕을 기르며 살아야 하는 것은 함부로 검을 뽑아 허명을 날리지 않기 위함이다.

 날카로운 검을 구하는 사람에게 세속의 길이 아니라 명검의 길을 이야기하는 것은 제 집을 지키는 검이 언제나 시퍼렇게 살아 사람의 마음을 움직이고 태산을 울게 하며 세상을 뒤바꾸는 힘을 가지고 있다는 것을 전해 주기 위해서이다.

최동호 연 보

1948년 8월 26일 경기도 수원 출생. 수원에서 남창초등학교 졸업.

1960년 3월 수원중학교에 입학하였으나 아버지의 직장관계로 목포로 전학하여 유달중학교 졸업.

1963년 3월 서울로 상경하여 양정고등학교에 입학하여 1966년 2월 졸업.

1966년 3월 조지훈 시인이 봉직한 고려대 문과대 국문과에 입학하여 1970년 2월 졸업.

1970년 2월 육군 소위로 임관하여 1972년 6월 육군 중위로 만기 제대.

1973년 3월 고려대 대학원에 입학하여 1975년 2월 현대문학 석사학위 취득.

1975년 3월 한국국악예술학교 교사가 됨.

1976년 3월 고려대 대학원 박사과정에 입학하고 문과대 강사 취임.
8월 제1시집 『황사바람』(열화당).

1979년 1월 중앙일보 신춘문예 평론 당선.
3월 경남대 국어교육과 전임강사가 되었으며 1981년 3월 조교수가 됨.
12월 ≪현대문학≫ 추천완료.

1980년 2월 김구슬과 결혼.
11월 장녀 소담 출생.

1981년 9월 고려대학교 대학원에서 문학박사 학위 취득.
9월 경희대 문리대 국어국문학과 조교수가 되었으며 1984년 3월 부교수가 됨.

1985년 6월 시론집 『현대시 정신사』(열음사).
11월 차녀 단아 출생.

1987년 합동시집 『샘물 속에 바다가』(문학사상사).
3월 시론집 『불확정 시대의 문학』(문학과 지성사).

1988년 1월 제2시집 『아침책상』(민음사).
3월 경희대학교에서 고려대 문과대 국문과 부교수로 부임하여 현재에 이름.

1990년 5월 김달진문학상을 제정하고 운영위원장으로 현재에 이름.
6월 시전문지 ≪서정시학≫을 발간하고 현재에 이름.

1991년 5월 시론집 『평정의 시학을 위하여』(민음사).

1992년 9월부터 12월까지 미국 아이오와 대학 국제창작 프로그램 참가.
11월 합동시집 『지상에는 진눈깨비의 노래가』(민음사).

1993년 4월부터 1995년 3월까지 월간 ≪현대문학≫ 주간.

1995년 5월 시론집 『삶의 깊이와 시적 상상』(민음사).
9월부터 1996년 2월까지 일본 와세다 대학 방문교수로 동서시 비교연구.

9월 제3 시집 『딱따구리는 어디에 숨어 있는가』(민음사).

1996년 3월 제1회 시와시학상 평론상·5월 제1회 현대불교문학상 시부문 수상.
고려대 출판부장(~1998년).

1998년 3월부터 현재까지 사단법인 시사랑문화인협의회 회장.
12월 김환태 비평문학상 수상.
김윤식 교수와 『소설어 사전』(고대출판부).

1999년 5월 편운문학 평론부분 대상 수상.
9월부터 2000년 2월까지 미국 UCLA에서 동서시 비교연구.

2000년 시론집 『디지털 문화와 생태 시학』(문학 동네)

2002년 4월 제4시집 『공놀이하는 달마』(민음사)

2003년 5월 『정지용사전』(고대출판부)

2004년 4월부터 2006년 5월까지 한국시학회 회장.
5월 시론집 『현대시사의 감각』(고대출판부)

2005년 5월부터 2007년 4월까지 국제비교한국학회 회장.
5월 고려대학교 100주년 기념가 작시(한국예술종합학교 총장 이건용 작곡)
6월 산문집 『히말라야와 정글의 빗소리』(작가)
9월 양정학교 100주년 기념가 작시.

2006년 4월 시론집 『진흙 천국의 시적 주술』(문학 동네).
6월부터 한국문학평론가협회회장(~2008년).
8월부터 2008년 7월까지 고려대학교 일반대학원 원장.
10월 제14회 대산문학상 평론부분 수상.

2007년 3월부터 현재 대산문화재단 이사.

2008년 3월부터 현재 학교법인 심연학원 이사.

2009년 2월 제5시집 『불꽃 비단벌레』(서정시학)
8월 중국 칭하이 제2회 국제시낭송축제 참가.
9월 제4회 혜산 박두진 문학상 수상.
10월 제9회고산 윤선도 문학상 현대시부문대상.

2010년 2월부터 2013년 2월까지 한국비평학회 회장.
6월 박사학위 논문을 개정하여 『한국현대시와 물의 상상력』(서정시학)
10월부터 현재 호암재단 호암상위원.

2011년 3월 제6시집 『얼음 얼굴』(서정시학)
12월 호암상위원 자격으로 노벨상위원회로부터 공식초청으로 스웨덴 노벨상시상식에 참가.

2012년 4월 시론집 『디지털 코드와 극서정시』(서정시학)
6월 한국문학번역원 이사.
12월 한국문화예술위원회 위원.

2013년 4월 시론집 『정지용 시와 비평의 고고학』(서정시학)

〖한국대표명시선100〗을 펴내며

    한국 현대시 100년의 금자탑은 장엄하다. 오랜 역사와 더불어 꽃피워온 얼·말·글의 새벽을 열었고 외세의 침략으로 역경과 수난 속에서도 모국어의 활화산은 더욱 불길을 뿜어 세계문학 속에 한국시의 참모습을 드러내게 되었다.
    이 나라는 글의 나라였고 이 겨레는 시의 겨레였다. 글로 사직을 지키고 시로 살림하며 노래로 산과 물을 감싸왔다. 오늘 높아져 가는 겨레의 위상과 자존의 바탕에도 모국어의 위대한 용암이 들끓고 있음이다.
    이제 우리는 이 땅의 시인들이 척박한 시대를 피땀으로 경작해온 풍성한 시의 수확을 먼 미래의 자손들에게까지 누리고 살 양식으로 공급하는 곳간을 여는 일에 나서야 할 때임을 깨닫고 서두르는 것이다.
    일찍이 만해는 「님의 침묵」으로 빼앗긴 나라를 되찾고 잃어가는 민족정신을 일으켜 세우는 밑거름으로 삼았으며 그 기룸의 뜻은 높은 뫼로 솟아오르고 너른 바다로 뻗어나가고 있다.
    만해가 시를 최초로 활자화한 것은 옥중시 「무궁화를 심고자」(《개벽》 27호 1922. 9)였다. 만해사상실천선양회는 그 아흔 돌을 맞아 만해의 시정신을 기리는 일의 하나로 '한국대표명시선100'을 펴내게 된 것이다.
    이로써 시인들은 더욱 붓을 가다듬어 후세에 길이 남을 명편들을 낳는 일에 나서게 될 것이고, 이 겨레는 이 크나큰 모국어의 축복을 길이 가슴에 새겨나갈 것이다.

― 만해사상실천선양회 ―

한국대표명시선100 | 최동호

병 속의 바다

1판1쇄 발행	2013년 6월 12일
1판2쇄 발행	2019년 7월 10일
지 은 이	최동호
뽑 은 이	만해사상실천선양회
펴 낸 이	이창섭
펴 낸 곳	시인생각
등 록 번 호	제2012-000007호(2012.7.6)
주 소	고양시 일산동구 호수로 688. A-419호 ㉾10364
전 화	050-5552-2222
팩 스	(031)812-5121
이 메 일	lkb4000@hanmail.net

값 6,000원

ⓒ 최동호, 2013

ISBN 978-89-98047-45-0 03810

* 저자와의 협의에 의하여 인지를 생략합니다.
* 이 책의 저작권은 저자와 시인생각에 있습니다.
* 잘못된 책은 책을 구입하신 서점에서 교환하여 드립니다.

※ 이 책은 만해사상실천선양회의 지원으로 간행되었습니다.